EN PAREJAS

Cambian los colores

Escrito por Gare Thompson

Adaptación al español por Rubí Borgia

STECK-VAUGHN
COMPANY

A Division of Harcourt Brace & Company

www.steck-vaughn.com

Hojas verdes

2

Hojas amarillas

3

Hojas rojas

Hojas anaranjadas

5

Hojas pardas

6

Muchos colores

 7

¡A saltar!